北大版新一代对外汉语教材·幼儿汉语教程系列

快乐时光幼儿汉语

韵文篇

刘德联
刘　岩　编著
董琳莉　英文翻译
王丁力　绘画

北京大学出版社
北　京

图书在版编目(CIP)数据

快乐时光幼儿汉语——韵文篇/刘德联,刘岩编著. —北京:北京大学出版社,2005.9
(北大版新一代对外汉语教材·幼儿汉语教程系列)
ISBN 978-7-301-07877-8

Ⅰ.快… Ⅱ.①刘… ②刘… Ⅲ.汉语-口语-对外汉语教学-教材 Ⅳ.H195.4

中国版本图书馆 CIP 数据核字(2005)第 098305 号

书　　　名:快乐时光幼儿汉语——韵文篇
著作责任者:刘德联　刘　岩　编著
责 任 编 辑:吕幼筠
标 准 书 号:ISBN 978-7-301-07877-8/H·1173
出 版 发 行:北京大学出版社
地　　　址:北京市海淀区成府路 205 号　100871
网　　　址:http://www.pup.cn
电　　　话:邮购部 62752015　发行部 62750672　编辑部 62752028　出版部 62754962
电 子 邮 箱:lvyoujun99@yahoo.com.cn
印　刷　者:涿州市星河印刷有限公司
经　销　者:新华书店
787 毫米×1092 毫米　16 开本　3.25 印张　80 千字
2005 年 9 月第 1 版　2009 年 12 月第 3 次印刷
定　　　价:22.00 元(附赠 1 张 CD)

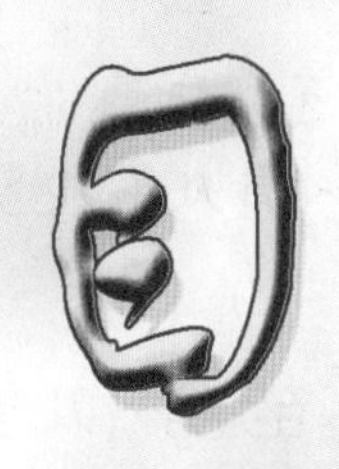

目录

zhǎo péng you
找朋友

（游戏歌）

zhǎo wa zhǎo wa zhǎo péng you
找哇找哇找朋友，

zhǎo dào yí ge hǎo péng you
找到一个好朋友。

jìng ge lǐ, wò wo shǒu
敬个礼，握握手，

nǐ shì wǒ de hǎo péng you
你是我的好朋友。

zài jiàn
再见！

Do you understand?

(1) 找 *look for* (2) 朋友 *friend* (3) 找到 *find*

(4) 敬礼 *salute* (5) 握手 *shake hands*

dà píng guǒ

大苹果

(儿歌)

wǒ shì yí ge dà píng guǒ
我是一个大苹果，

xiǎo péng you men dōu ài wǒ
小朋友们都爱我。

qǐng nǐ xiān qù xǐ xi shǒu
请你先去洗洗手，

yào shi shǒu zāng bié pèng wǒ
要是手脏别碰我。

Do you understand?

苹果 *apple*

bái shí tǎ
白石塔

(绕口令)

bái shí tǎ
白 石 塔，

bái shí dā
白 石 搭。

bái shí dā bái tǎ
白 石 搭 白 塔，

bái tǎ bái shí dā
白 塔 白 石 搭。

Do you understand?

(1) 白 *white* (2) 石 *stone* (3) 塔 *pagoda* (4) 搭 *pile up*

tù zi
兔子

（绕口令）

dà tù zi
大兔子，

xiǎo tù zi
小兔子，

dà tù zi dù zi bǐ xiǎo tù zi dù zi dà
大兔子肚子比小兔子肚子大，

xiǎo tù zi dù zi bǐ dà tù zi dù zi xiǎo
小兔子肚子比大兔子肚子小。

Do you understand?

(1) 兔子 *rabbit* (2) 肚子 *belly*

xiōng dì sài pǎo
兄弟赛跑

(谜语歌)

gē ge cháng, dì di duǎn,
哥哥长，弟弟短，

tiān tiān sài pǎo dà jiā kàn。
天天赛跑大家看。

gē ge pǎo le shí èr quān,
哥哥跑了十二圈，

dì di gāng gāng pǎo yì quān。
弟弟刚刚跑一圈。

Do you understand?

(1) 兄弟 *brothers* (2) 赛跑 *race* (3) 长 *long*

(4) 短 *short* (5) 跑 *run* (6) 圈 *circle*

(7) 刚刚 *just*

sì shì sì　shí shì shí
四是四，十是十

（绕口令）

sì shì sì　shí shì shí
四是四，十是十，

shí sì shì shí sì
十四是十四，

sì shí shì sì shí
四十是四十。

sì shí jiā shàng sì
四十加上四，

jiù shì sì shí sì
就是四十四。

yào shi shuō cuò le
要是说错了，

jiù yào wù dà shì
就要误大事。

Do you understand?

(1) 加上 *plus*　(2) 就是 *is*　(3) 错 *wrong*
(4) 就要 *going to*　(5) 误 *miss*

xiǎo huā gǒu

(儿童歌曲)

yì zhī xiǎo huā gǒu
一只小花狗，

dūn zài dà mén kǒu
蹲在大门口，

liǎng yǎn hēi yōu yōu
两眼黑黝黝，

xiǎng chī ròu gǔ tou
想吃肉骨头。

Do you understand?

(1) 花 *colour* (2) 狗 *dog* (3) 蹲 *crouch*
(4) 门口 *door* (5) 黑黝黝 *black* (6) 想 *want to*
(7) 肉 *meat* (8) 骨头 *bone*

xiōng dì qī bā ge
兄弟七八个

（谜语歌）

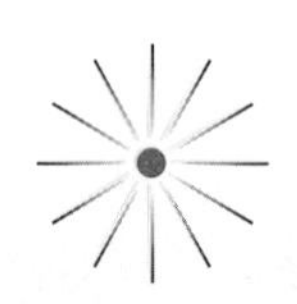

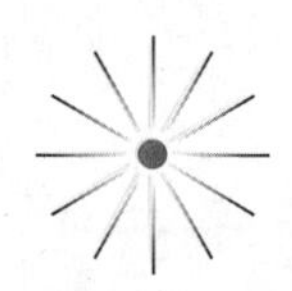

xiōng dì qī bā ge
兄 弟 七 八 个 ，

wéi zhe zhù zi zuò
围 着 柱 子 坐 。

dà jiā yì fēn shǒu
大 家 一 分 手 ，

yī fu jiù chě pò
衣 服 就 扯 破 。

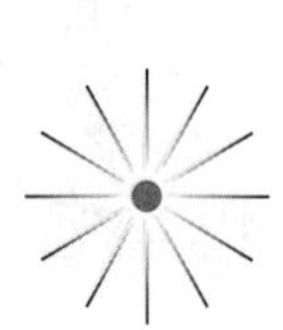

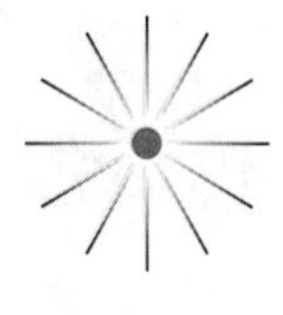

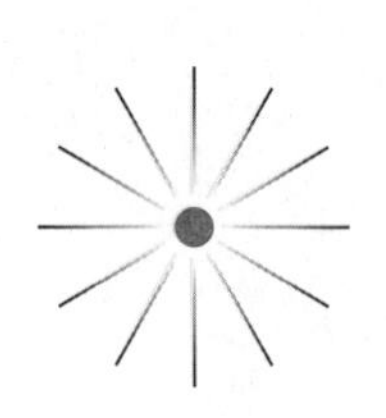

Do you understand?

(1) 围 *around*　(2) 柱子 *post*　(3) 坐 *sit*

(4) 大家 *everybody*　(5) 分手 *part*

(6) 衣服 *clothes*　(7) 扯破 *tear*

zhǎo mā ma
找妈妈

（儿歌）

xiǎo kē dǒu xiǎo wěi ba
小蝌蚪，小尾巴，

yóu lái yóu qù zhǎo mā ma
游来游去找妈妈。

mā ma mā ma nǐ zài nǎr
“妈妈，妈妈，你在哪儿？”

lái le lái le wǒ lái la
“来了，来了，我来啦！”

lái le yì zhī dà qīng wā
来了一只大青蛙。

Do you understand?

(1) 蝌蚪 *tadpole*　　(2) 尾巴 *tail*

(3) 游来游去 *swim from place to place*

(4) 青蛙 *frog*

xiǎo xiǎo yì běn shū

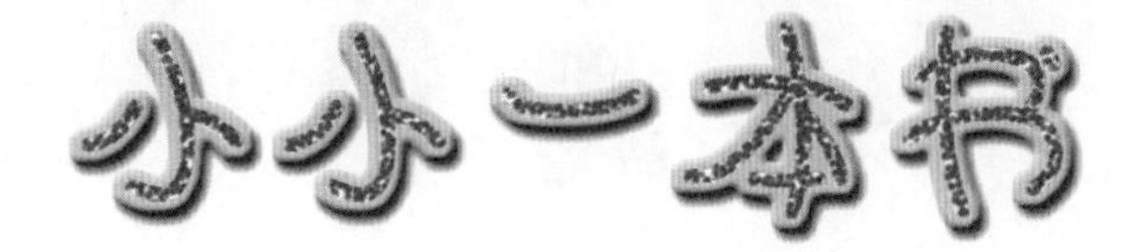

（谜语歌）

xiǎo xiǎo yì běn shū
小 小 一 本 书，

yì tiān kàn yí miàn
一 天 看 一 面。

kàn wán zhè běn shū
看 完 这 本 书，

dà jiā guò xīn nián
大 家 过 新 年。

(1) 书 *book* (2) (一)面 *(one) page* (3) 完 *finish*
(4) 过 *celebrate* (5) 新年 *new year*

xiǎo gē zi

(儿童歌曲)

xiǎo gē zi, zhēn měi lì,
小 鸽 子，真 美 丽，
hóng zuǐ ba, bái dù pí,
红 嘴 巴，白 肚 皮，
fēi dào dōng lái fēi dào xī,
飞 到 东 来 飞 到 西，
kuài kuài fēi dào wǒ zhè li.
快 快 飞 到 我 这 里。

Do you understand?

(1) 鸽子 *pigeon* (2) 真 *really* (3) 美丽 *beautiful*
(4) 嘴巴 *mouth* (5) 肚皮 *belly* (6) 飞 *fly* (7) 快快 *quickly*

yí ge dà dù pí

一个大肚皮

（谜语歌）

yí ge dà dù pí
一个大肚皮，

shēng lái guài pí qi
生来怪脾气。

bù dǎ bú zuò shēng
不打不做声，

yuè dǎ yuè huān xǐ
越打越欢喜。

Do you understand?

(1) 生来 *born to be*　　(2) 怪 *strange*

(3) 脾气 *temper*　　(4) 做声 *make a sound*

(5) 越…越… *the more...,the more...*　　(6) 欢喜 *happy*

xiǎo bái tù
小白兔

（儿歌）

xiǎo bái tù，bái yòu bái，
小白兔，白又白，

liǎng zhī ěr duo shù qi lai。
两只耳朵竖起来。

ài chī luó bo ài chī cài，
爱吃萝卜爱吃菜，

bèng bèng tiào tiào zhēn kě ài。
蹦蹦跳跳真可爱。

Do you understand?

(1) 兔 *rabbit* (2) 竖 *prick up* (3) 爱 *like to*

(4) 萝卜 *radish* (5) 菜 *vegetables*

(6) 蹦蹦跳跳 *bouncing and jumping* (7) 可爱 *cute*

gǔ shang huà zhī hǔ

(绕口令)

gǔ shang huà zhī hǔ
鼓 上 画 只 虎 ，

pò le ná bù bǔ
破 了 拿 布 补 。

bù zhī shì bù bǔ gǔ
不 知 是 布 补 鼓 ，

hái shi bù bǔ hǔ
还 是 布 补 虎 。

Do you understand?

(1) 鼓 *drum* (2) 画 *print* (3) 虎 *tiger* (4) 破 *broken*

(5) 拿 *use* (6) 布 *cloth* (7) 补 *mend*

(8)不知是…，还是… *I don't know if it is..., or...*

huà fèng huáng

(绕口令)

fěn hóng qiáng shang huà fèng huáng

粉红墙上画凤凰，

fèng huáng huà zài fěn hóng qiáng

凤凰画在粉红墙，

hóng fèng huáng fěn fèng huáng

红凤凰，粉凤凰，

fěn hóng fèng huáng huā fèng huáng

粉红凤凰，花凤凰。

Do you understand?

(1) 凤凰 *phoenix* (2) 粉红 *pink* (3) 墙 *wall*

(4) 红 *red* (5) 粉 *pink*

pénr hé píngr
盆儿和瓶儿

(绕口令)

zhuō shang fàng ge pénr
桌上放个盆儿，

pénr li fàng zhe píngr
盆儿里放着瓶儿，

pīng pāng yì shēng xiǎng
乒乓一声响，

bù zhī shì píngr pèng pénr
不知是瓶儿碰盆儿，

hái shi pénr pèng píngr
还是盆儿碰瓶儿。

Do you understand?

(1) 盆儿 *basin* (2) 瓶儿 *bottle* (3) 桌 *table*
(4) 放 *put* (5) 乒乓…响 *be rattling*

kùn nan xiàng tán huáng
困难像弹簧

（儿歌）

kùn nan xiàng tán huáng
困难像弹簧，

kàn nǐ qiáng bu qiáng
看你强不强。

nǐ qiáng tā jiù ruò
你强它就弱，

nǐ ruò tā jiù qiáng
你弱它就强。

Do you understand?

(1) 困难 *difficulty* (2) 像 *look like* (3) 弹簧 *spring*
(4) 强 *strong* (5) 弱 *weak*

huì chī méi yǒu zuǐ

（谜语歌）

huì chī méi yǒu zuǐ
会 吃 没 有 嘴 ，
huì zǒu méi yǒu tuǐ
会 走 没 有 腿 。
guò hé méi yǒu shuǐ
过 河 没 有 水 ，
bài le méi yǒu zuì
败 了 没 有 罪 。

Do you understand?

(1) 会 *can*	(2) 嘴 *mouth*	(3) 腿 *leg*
(4) 过河 *cross a river*	(5) 败 *be defeated*	(6) 罪 *crime*

yuǎn kàn shān yǒu sè

(谜语歌)

yuǎn kàn shān yǒu sè
远看山有色，

jìn tīng shuǐ wú shēng
近听水无声。

chūn qù huā hái zài
春去花还在，

rén lái niǎo bù jīng
人来鸟不惊。

Do you understand?

(1) 远 *far* (2) 色 *colour* (3) 近 *near* (4) 声 *sound*
(5) 春 *spring* (6) 花 *flower* (7) 鸟 *bird* (8) 惊 *startle*

yǒng é
咏鹅

（古诗）

é é é
鹅，鹅，鹅，

qū xiàng xiàng tiān gē
曲 项 向 天 歌。

bái máo fú lǜ shuǐ
白 毛 浮 绿 水，

hóng zhǎng bō qīng bō
红 掌 拨 清 波。

［唐］骆宾王

Quack Quack, merrily sings the goose.
Raising its head a tune pours from its mouth.
White feathers float on the green pond,
its red palms ply the waves as oars.

yáo dào wài pó qiáo

（儿歌）

yáo yáo yáo
摇，摇，摇，

yáo dào wài pó qiáo
摇到外婆桥，

wài pó shuō wǒ shì hǎo bǎo bao
外婆说我是好宝宝。

táng yì bāo guǒ yì bāo
糖一包，果一包，

nǐ yào chī jiù dòng shǒu
你要吃，就动手，

nǐ bù chī ná zhe zǒu
你不吃，拿着走。

Do you understand?

(1) 摇 *wave* (2) 外婆 *grandmother* (3) 桥 *bridge*
(4) 宝宝 *baby* (5) 糖 *candy* (6) 包 *bag*
(7) 果 *fruit* (8) 动手 *take action*

xiǎo péng you xiǎng yi xiǎng
小朋友，想一想

（儿歌）

xiǎo péng you xiǎng yi xiǎng
小 朋 友 ，想 一 想 ，

shén me dòng wù bí zi cháng
什 么 动 物 鼻 子 长 ？

bí zi cháng shì dà xiàng
鼻 子 长 ，是 大 象 ，

dà xiàng bí zi cháng yòu cháng
大 象 鼻 子 长 又 长 。

xiǎo péng you xiǎng yi xiǎng
小 朋 友 ，想 一 想 ，

shén me dòng wù ěr duo cháng
什 么 动 物 耳 朵 长 ？

ěr duo cháng shì tù zi
耳 朵 长 ，是 兔 子 ，

tù zi ěr duo cháng yòu cháng
兔 子 耳 朵 长 又 长 。

Do you understand?

（1）想 *think* （2）动物 *animal* （3）鼻子 *nose*
（4）大象 *elephant* （5）耳朵 *ear*

liǎng zhī lǎo hǔ
两只老虎

（游戏歌）

liǎng zhī lǎo hǔ liǎng zhī lǎo hǔ
两只老虎，两只老虎，

pǎo de kuài pǎo de kuài
跑得快，跑得快，

yì zhī méi yǒu ěr duo
一只没有耳朵，

yì zhī méi yǒu wěi ba
一只没有尾巴，

zhēn qí guài zhēn qí guài
真奇怪，真奇怪。

Do you understand?

(1) 老虎 *tiger* (2) 跑得快 *run quickly* (3) 奇怪 *strange*

xiǎo sōng shǔ

小松鼠

（数字歌）

yī èr sān sì wǔ shàng shān dǎ lǎo hǔ
一二三四五，上山打老虎。

lǎo hǔ méi dǎ zháo zhǎo dào xiǎo sōng shǔ
老虎没打着，找到小松鼠。

sōng shǔ yǒu jǐ zhī ràng wǒ shǔ yi shǔ
松鼠有几只？让我数一数。

shǔ lái yòu shǔ qù yī èr sān sì wǔ
数来又数去，一二三四五。

Do you understand?

(1) 松鼠 *squirrel* (2) 打 *search for* (3) 打着 *hit* (4) 让 *let*
(5) 数 *count* (6) 数来数去 *count for many times*

yì zhī há ma yì zhāng zuǐ
一只蛤蟆一张嘴

(数字歌)

yì zhī há ma yì zhāng zuǐ
一只蛤蟆一张嘴，

liǎng zhī yǎn jing sì tiáo tuǐ
两只眼睛四条腿，

pū tōng yì shēng tiào xià shuǐ
扑通一声跳下水。

liǎng zhī há ma liǎng zhāng zuǐ
两只蛤蟆两张嘴，

sì zhī yǎn jing bā tiáo tuǐ
四只眼睛八条腿，

pū tōng pū tōng liǎng shēng tiào xià shuǐ
扑通扑通两声跳下水。

Do you understand?

(1) 蛤蟆 *toad*
(2) 张 *measure word*
(3) 眼睛 *eye*
(3) 条 *measure word*
(5) 扑通一声 *with a splash*
(6) 跳 *leap*

diū shǒu juànr

丢手绢儿

（游戏歌）

diū diū diū shǒu juànr
丢，丢，丢手绢儿，

qīng qīng de fàng zài xiǎo péng you de hòu bian
轻轻地放在小朋友的后边，

dà jiā bú yào gào su tā
大家不要告诉他，

kuài diǎnr kuài diǎnr zhuā zhù tā
快点儿快点儿抓住他，

kuài diǎnr kuài diǎnr zhuā zhù tā
快点儿快点儿抓住他。

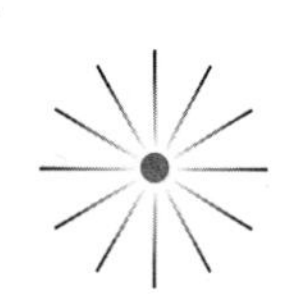

Do you understand?

(1) 丢 *throw; cast* (2) 手绢儿 *handkerchief* (3) 后边 *behind*
(4) 告诉 *tell* (5) 快点儿 *hurry up* (6) 抓住 *seize*

jìn yè sī
静 夜 思

（古诗）

chuáng qián míng yuè guāng
床 前 明 月 光，

yí shì dì shàng shuāng
疑 是 地 上 霜。

jǔ tóu wàng míng yuè
举 头 望 明 月，

dī tóu sī gù xiāng
低 头 思 故 乡。

［唐］李白

Do you understand?

Before my bed, bright moon light shines,
was it frost on the ground.
Raised my head to look at the bright moon,
and lowered my head to think of my native land.

xiǎo hào zi
小耗子

（儿歌）

xiǎo hào zi shàng dēng tái
小耗子，上灯台，

tōu yóu chī xià bu lái
偷油吃，下不来，

jiào nǎi nai nǎi nai bù lái
叫奶奶，奶奶不来，

jī li gū lū gǔn xia lai
叽里咕噜滚下来。

Do you understand?

(1) 耗子 *mouse* (2) 灯台 *lamp table* (3) 偷 *steal* (4) 油 *oil*
(5) 下不来 *could not come down* (6) 奶奶 *grandmother*
(7) 叽里咕噜滚下来 *go tumbling down the table*

zhuó mù niǎo

（儿歌）

zhuó mù niǎo　zhuó mù niǎo
啄木鸟，啄木鸟，

huì tīng zhěn　huì kāi yào
会听诊，会开药，

zhì bìng bú yào qián
治病不要钱，

zhǐ shōu chóng yì tiáo
只收虫一条。

Do you understand?

(1) 啄木鸟 *woodpecker*　(2) 听诊 *auscultation*

(3) 开药 *to prescribe medicine*　(4) 治病 *treat a disease*

(5) 钱 *money*　(6) 只 *only*　(7) 收 *receive*　(8) 虫 *worm*

lā dà jù
拉大锯

(儿歌)

lā dà jù ，chě dà jù ，
拉大锯，扯大锯，

lǎo lao jiā ，chàng dà xì ，
姥姥家，唱大戏，

jiē guī nü ，qǐng nǚ xu ，
接闺女，请女婿，

xiǎo wài sūn zi nǐ yě qù 。
小外孙子你也去。

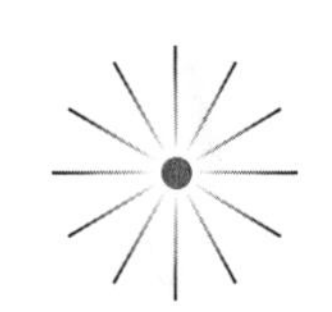

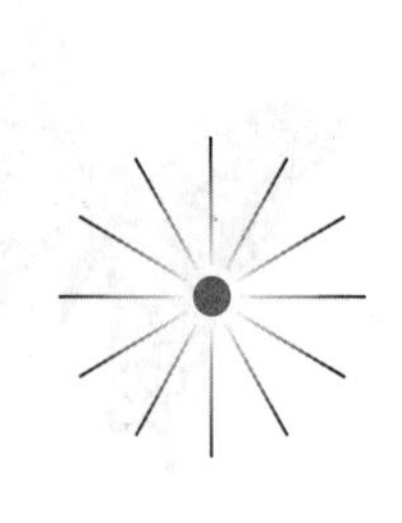

Do you understand?

(1) 拉 *pull* (2) 锯 *saw* (3) 扯 *tug* (4) 姥姥 *grandmother*
(5) 唱戏 *sing an opera* (6) 接 *pick up* (7) 闺女 *daughter*
(8) 女婿 *son-in-law* (9) 外孙子 *grandson*

bǎn dèng hé biǎn dan

板凳和扁担

（绕口令）

bǎn dèng kuān　biǎn dan cháng
板凳宽，扁担长，

biǎn dan bǎng zài bǎn dèng shang
扁担绑在板凳上，

bǎn dèng bú ràng biǎn dan bǎng zài bǎn dèng shang
板凳不让扁担绑在板凳上，

biǎn dan piān yào bǎng zài bǎn dèng shang
扁担偏要绑在板凳上。

Do you understand?

(1) 板凳 *bench*　(2) 宽 *wide*　(3) 扁担 *shoulder pole*
(4) 绑 *bind*　(5) 偏 *insistently*

xiǎo bǎn dèng
小板凳

（儿童歌曲）

xiǎo bǎn dèng bǎi yì pái
小板凳，摆一排，

xiǎo péng you men zuò shang lai
小朋友们坐上来。

wǒ de huǒ chē pǎo de kuài
我的火车跑得快，

zhù yì kě bié xià cuò chē
注意可别下错车。

hōng lōng lōng lōng hōng lōng lōng lōng
轰隆隆隆，轰隆隆隆，

hōng lōng lōng lōng wū
轰隆隆隆，呜！

Do you understand?

(1) 摆 *put*　(2) 一排 *a row of bench*

(3) 火车 *train*　(4) 注意 *pay attention to*

(5) 可别下错车 *be sure not to get off by mistake*

(6) 轰隆隆隆 *rumble*　(7) 呜 *keep hooting*

xiǎo yángr guāi guāi
小羊儿乖乖

（儿歌表演唱）

láng　xiǎo yángr guāi guai，bǎ mén kāi kai，
狼：小羊儿乖乖，把门开开，

kuài diǎnr kāi kai，wǒ yào jìn lai。
快点儿开开，我要进来。

xiǎo yángr：bù kāi bù kāi wǒ bù kāi，
小羊儿：不开不开我不开，

mā ma bù huí lai，
妈妈不回来，

shéi lái yě bù kāi。
谁来也不开。

Do you understand?

（1）羊 *sheep*　（2）乖乖 *well-behaved*　（3）狼 *wolf*
（4）开 *open*　（5）要 *want*　（6）进来 *come*
（7）回来 *go back*　（8）谁 *who*

qī kē shù shang qī yàng guǒ

七棵树上七样果

（数字歌）

yī èr sān，sān èr yī，
一二三，三二一，

yī èr sān sì wǔ liù qī，
一二三四五六七，

qī liù wǔ sì sān èr yī，
七六五四三二一，

qī kē shù shang qī yàng guǒ，
七棵树上七样果，

píng guǒ、pú tao、shí liu、
苹果、葡萄、石榴、

shì zi、lǐ zi、lì zi、lí。
柿子、李子、栗子、梨。

(1) 棵 *measure word* (2) 树 *tree* (3) 葡萄 *grape*
(4) 石榴 *pomegranate* (5) 柿子 *persimmon* (6) 李子 *plum*
(7) 栗子 *chestnut* (8) 梨 *pear*

dà mǎ lù kuān yòu kuān
大马路，宽又宽

(儿歌)

dà mǎ lù kuān yòu kuān
大马路，宽又宽，

jǐng chá shū shu zhàn zhōng jiān
警察叔叔站中间，

hóng dēng liàng le tíng yì tíng
红灯亮了停一停，

lǜ dēng liàng le wǎng qián xíng
绿灯亮了往前行。

Do you understand?

(1) 马路 *road*　(2) 警察 *police*　(3) 叔叔 *uncle*
(4) 站 *stand*　(5) 中间 *middle*　(6) 红灯 *red light*
(7) 亮 *flash*　(8) 停 *stop*　(9) 绿灯 *green light*
(10) 行 *go*

xiǎo shǒu juànr

小手绢儿

（儿歌）

xiǎo shǒu juànr sì fāng fāng
小手绢儿四方方，

tiān tiān dài zài wǒ shēn shang
天天带在我身上。

yòu cā bí tì yòu cā hàn
又擦鼻涕又擦汗，

gān gān jìng jìng zhēn hǎo kàn
干干净净真好看。

Do you understand?

(1) 四方 *square*　(2) 带 *carry*　(3) 身上 *on one's body*
(4) 又…又… *both...and...*　(5) 擦 *wipe*　(6) 鼻涕 *snot*
(7) 汗 *sweat*　(8) 干净 *clean*　(9) 好看 *beautiful*

xiǎo xiǎo de chuán

小小的船

（儿歌）

wān wān de yuè ér
弯弯的月儿

xiǎo xiǎo de chuán
小小的船，

xiǎo xiǎo de chuán ér liǎng tóu jiān
小小的船儿两头尖。

wǒ zài zhè xiǎo xiǎo de chuán li zuò
我在这小小的船里坐，

zhǐ kàn jiàn shǎn shǎn de xīng xing
只看见闪闪的星星

lán lán de tiān
蓝蓝的天。

Do you understand?

(1) 船 *boat*	(2) 弯弯 *crescent*	(3) 月儿 *the moon*
(4) 头 *end*	(5) 尖 *pointed*	(6) 看见 *see*
(7) 闪闪 *sparkle*	(8) 星星 *star*	(9) 蓝蓝 *blue*

gāo shān bú jiàn yí cùn tǔ
高山不见一寸土

（谜语歌）

gāo shān bú jiàn yí cùn tǔ
高 山 不 见 一 寸 土，

píng dì bú jiàn bàn mǔ tián
平 地 不 见 半 亩 田，

wǔ hú sì hǎi méi yǒu shuǐ
五 湖 四 海 没 有 水，

shì jiè gè guó zài yǎn qián
世 界 各 国 在 眼 前。

Do you understand?

（1）见 *see*　（2）寸 *inch*　（3）平地 *level ground*

（4）亩 *mu*　（5）田 *farmland*

（6）五湖四海 *all corners of the land*　（7）世界 *world*

（8）各国 *every country*　（9）眼前 *before one's eyes*

chūn xiǎo

（古诗）

chūn mián bù jué xiǎo
春眠不觉晓，

chù chù wén tí niǎo
处处闻啼鸟。

yè lái fēng yǔ shēng
夜来风雨声，

huā luò zhī duō shǎo
花落知多少。

［唐］孟浩然

Do you understand?

I slept soundly in the spring,
unconscious of the day's dawning.
In the night I heard the sound of rain and wind
I don't know how many flowers have fallen.

yǒu shí
有时

（谜语歌）

yǒu shí luò zài shān yāo
有时落在山腰，

yǒu shí guà zài shù shāo
有时挂在树梢，

yǒu shí xiàng miàn yuán jìng
有时像面圆镜。

yǒu shí xiàng bǎ lián dāo
有时像把镰刀。

Do you understand?

(1) 有时 *sometimes* (2) 山腰 *half way up the mountain*
(3) 挂 *hung* (4) 树梢 *the tip of a tree*
(5) 圆 *round* (6) 镜 *mirror*
(7) 把 *measure word* (8) 镰刀 *sickle*

duī xuě rén

(儿歌)

běi fēng chuī，piāo xuě huā，
北风吹，飘雪花，

wǒ hé dì di xuě li shuǎ，
我和弟弟雪里耍，

duī ge xuě rén pàng yòu dà，
堆个雪人胖又大，

tài yáng bù chū hā hā xiào，
太阳不出哈哈笑，

tài yáng yì chū tā kū la。
太阳一出他哭啦。

Do you understand?

(1) 堆 *pile up*	(2) 雪人 *snowman*	(3) 北风 *a north wind*
(4) 吹 *blow*	(5) 飘 *float in the air*	(6) 雪花 *snowflake*
(7) 雪 *snow*	(8) 耍 *play*	(9) 胖 *fat*

shén me chóng ér
什么虫儿

（儿歌）

shén me chóng ér kōng zhōng fēi
什么虫儿空中飞？

shén me chóng ér shù shang jiào
什么虫儿树上叫？

shén me chóng ér lù biān pá
什么虫儿路边爬？

shén me chóng ér cǎo li tiào
什么虫儿草里跳？

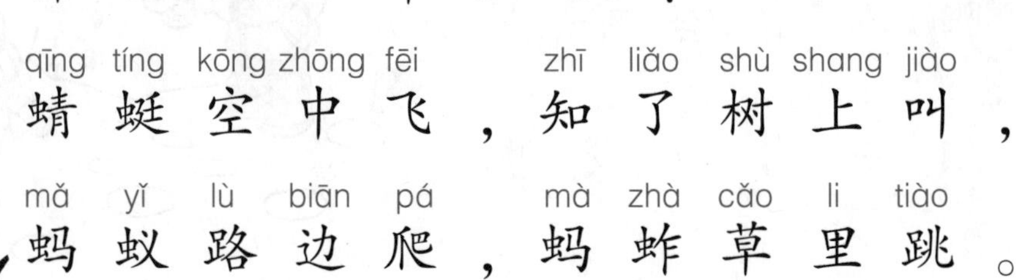

qīng tíng kōng zhōng fēi, zhī liǎo shù shang jiào,
蜻蜓空中飞，知了树上叫，

mǎ yǐ lù biān pá, mà zhà cǎo li tiào.
蚂蚁路边爬，蚂蚱草里跳。

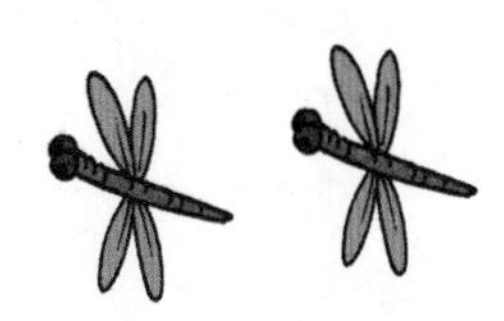

Do you understand?

(1) 什么 *what* (2) 空中 *in the air* (3) 叫 *chirp*
(4) 路边 *the side of the road* (5) 爬 *crawl*
(6) 草 *grass* (7) 蜻蜓 *dragonfly* (8) 知了 *cicada*

cǎo

（古诗）

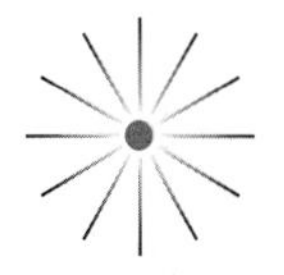

lí lí yuán shàng cǎo
离离原上草，
yí suì yì kū róng
一岁一枯荣。
yě huǒ shāo bú jìn
野火烧不尽，
chūn fēng chuī yòu shēng
春风吹又生。

［唐］白居易

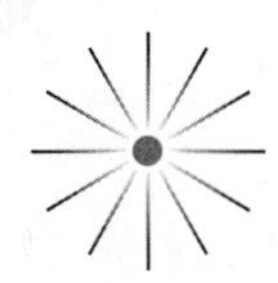

Do you understand?

Wild grasses spreading over the plain, with every season come and go.
Not even a prairie fire can destroy the grass, it grows again when the spring breeze blows.

liǔ tiáo qīng

（儿歌）

liǔ tiáo qīng , liǔ tiáo wān ,
柳条青，柳条弯，

liǔ tiáo chuí zài xiǎo hé biān ,
柳条垂在小河边，

zhé zhī liǔ tiáo zuò liǔ shào ,
折枝柳条做柳哨，

chuī zhī xiǎo qǔ chàng chūn tiān .
吹支小曲唱春天。

Do you understand?

(1) 柳条 *willow twig* (2) 青 *green* (3) 弯 *bend*

(4) 垂 *weep* (5) 河边 *river bank*

(6) 折枝 *break off a branch*

(7) 柳哨 *a plucked stringed whistle*

(8) 支 *measure word* (9) 曲 *song*

mǐn nóng

(古诗)

chú hé rì dāng wǔ
锄禾日当午，

hàn dī hé xià tǔ
汗滴禾下土。

shéi zhī pán zhōng cān
谁知盘中餐，

lì lì jiē xīn kǔ
粒粒皆辛苦。

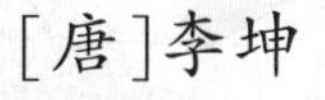

Do you understand?

Hoe up weeds at noon,
dripping with perspiration in the farmland.
Every single grain in the bowls is the result of toil day and night.

dēng guàn què lóu

登鹳雀楼

（古诗）

bái rì yī shān jìn
白日依山尽，

huáng hé rù hǎi liú
黄河入海流。

yù qióng qiān lǐ mù
欲穷千里目，

gèng shàng yì céng lóu
更上一层楼。

［唐］王之涣

Do you understand?

The sun is setting along the mountain.
And the Yellow River is flowing to the ocean.
If you want to strain your eyesight, look at a distant sight.
You have to ascend another storey with all your might.

wàng lú shān pù bù

(古诗)

rì zhào xiāng lú shēng zǐ yān
日照香炉生紫烟，

yáo kàn pù bù guà qián chuān
遥看瀑布挂前川。

fēi liú zhí xià sān qiān chǐ
飞流直下三千尺，

yí shì yín hé luò jiǔ tiān
疑是银河落九天。

[唐]李白

Do you understand?

The incense smoke curls up from the furnace in the sun.
The cataracts of a river in front of the mountain hang.
The torrential waters rush down bottomless depth.
I wonder if the Milky Way descends from the zenith.

jué jù
绝句

（古诗）

liǎng ge huáng lí míng cuì liǔ
两个黄鹂鸣翠柳，

yì háng bái lù shàng qīng tiān
一行白鹭上青天。

chuāng hán xī lǐng qiān qiū xuě
窗含西岭千秋雪，

mén bó dōng wú wàn lǐ chuán
门泊东吴万里船。

[唐]杜甫

Do you understand?

A pair of orioles chirp and sing on a green willow,
A line of herons flit high and low in the blue sky.
At West Hill a window frames the years snow.
A big boat from Wu kingdom anchors at gate slow.